Wolfgang Küpper (Hrsg.)

Freunde fürs Leben

Wolfgang Küpper (Hrsg.)

Freunde fürs Leben

rosenheimer

Nicht die Andersartigkeit der andern erschwert das Zusammenleben der Menschen, es sind die Fixierungen, die falschen Bildnisse, die wir uns von ihnen machen. Wer den anderen erkennen will, muss ihm mit Sympathie begegnen:

Es ist bemerkenswert, dass wir gerade von dem Menschen, den wir lieben, am mindesten aussagen können, wie er sei. Wir lieben ihn einfach. Wir wissen, dass jeder Mensch, wenn man ihn liebt, sich wie verwandelt fühlt, wie entfaltet, und dass auch dem Liebenden sich alles entfaltet, das Nächste, das lange Bekannte. Vieles sieht er wie zum ersten Male. Die Liebe befreit es aus jedem Bildnis. Das ist das Erregende, das Abenteuerliche, das eigentlich Spannende, dass wir mit den Menschen, die wir lieben, nicht fertig werden: weil wir sie lieben, solange wir sie lieben. Man höre bloß die Dichter, wenn sie lieben; sie tappen nach Vergleichen, als wären sie betrunken, sie greifen nach allen Dingen im All, nach Blumen und Tieren, nach Wolken, nach Sternen und Meeren. Warum? So wie das All, wie Gottes unerschöpfliche Geräumigkeit, schrankenlos, alles Möglichen voll, alles Geheimnisses voll, unfassbar ist der Mensch, den man liebt. Nur die Liebe erträgt ihn so.

Max Frisch

Selig sind die Anspruchslosen, denn sie können nicht enttäuscht werden. Das ist absolut schlüssig, absolut einleuchtend und absolut falsch. Zwar gibt sich, wer so denkt und redet, den Anschein von äußerster Genügsamkeit und vollkommener Selbstbescheidung. Wer nichts mehr erwartet, gerät nie in Versuchung, verlorenen Träumen nachzuträumen.

Selig sind die Anspruchslosen, denn sie können nicht enttäuscht werden. Menschen, die sich diese Maxime zu eigen machen, werden nie verzweifeln; sie sind bereits verzweifelt. Zumindest haben sie resigniert. Jeden Wunsch betrachten sie als Wahn und schon die kleinste Hoffnung erscheint ihnen als große Illusion. Ihr Dasein gleicht dem Dahinvegetieren in einem Kellerloch; ihr Leben reduziert sich aufs Überleben.

Ich selber mag Leute nicht, welche sich von der Zukunft nichts mehr erhoffen. Da fühle ich mich schon wohler unter denen, die ausgefallenen Träumen nachhängen, in welchen sie Sehnsüchten Ausdruck verleihen. Solche Menschen schielen ja nicht ständig nach Geld und Macht oder Ansehen, sondern blicken auf ihr Leben zurück, und sie sagen sich: Das kann doch nicht alles gewesen sein. Und dann greifen sie nach den Sternen. Sie verlieren den Mut nicht, wenn sie sie nicht alle herunterholen können. Aber sie vertrauen der Stimme ihres Herzens, welche ihnen sagt, dass es Größeres, Schöneres, Helleres gibt – oder geben muss – als alles, was sie bisher erfahren haben.

Josef Imbach

Die Bibel vergleicht den Menschen immer wieder mit einem Baum. Sie ist damit nicht allein. Die alten Religionen unseres Kulturkreises haben es alle mit Bäumen zu tun: mit Götterbäumen, Seelenbäumen, Schicksalsbäumen, mit der Weltesche, mit dem Baum der Erkenntnis oder dem Baum des Lebens.

Man bleibe auf Spaziergängen gelegentlich stehen, wo ein einzelner Baum sich aus seiner Umgebung heraushebt, und betrachte ihn. Man ist nicht dieser Baum und soll sich das auch nicht einreden oder einmeditieren. Wir sollen uns nicht mit dem Baum identifizieren, sondern ihm begegnen. Wir begegnen ihm dadurch, dass wir ihn so lange ansehen, bis wir seine Linien nachzeichnen könnten.

Ein Baum hat eine Gestalt, die ihn mit anderen Bäumen seiner Art verbindet und ihn kenntlich macht, und er zeigt ein Schicksal, das ihn aus seinen Artgenossen heraushebt. Sturm, Trockenheit, Nachbarschaft andere Bäume, Eingriffe des Menschen machen sein Schicksal aus und geben ihm seine „persönliche" Gestalt. Dabei „macht" der Baum nichts. Er lebt. Er wächst und behauptet sich. Er „will" nichts. Er gehorcht dem Gesetz, das in ihm ist.

Man findet sich, wenn man so vor einem Baum steht und ihm begegnet, unversehens bei der Bemühung, „wie ein Baum" zu sein. Zu stehen. Sich aufzurichten. Wurzeln zu schlagen. Raum zu gewinnen. Ein Mensch zu werden, der aufrecht dasteht. Man verlässt den Baum wieder und setzt seinen Gang fort. Aber man hat ihn kennen gelernt und ein Gleichnis begriffen.

Jörg Zink

Frei sein zur Entscheidung heißt Mitschöpfer der Welt sein, und das immer wieder. Auf jeden von uns kommt es an, von jedem von uns hängt es ab. Nun gibt es Menschen, die nehmen nur das Furchtbare der Entscheidung wahr. Die Gefahr der Fehlentscheidung. Die Bürde der Verantwortung. Die Last der Ungewissheit des Ausgangs. Das Risiko, Schönes und Angenehmes zu versäumen, für das sie sich eben nicht entschieden haben. Vor lauter Bedenken, sie könnten bei der Auswahl das Falsche verwerfen, schrecken sie vor wichtigen Wahlvorgängen zurück. Vor der Eheschließung – sie könnten an den falschen Partner geraten, es könnte noch ein passenderer kommen. Vor der Schaffung klarer Verhältnisse im Leben – sie könnten sich zu früh binden, zu sehr beim Wort oder bei der Pflicht genommen werden. Gründe, vor Entscheidungen zurückzuschrecken, sind haufenweise zu finden, denn bei keiner Entscheidung ist uns eine hundertprozentige Garantie gewährt, dass das mit ihr Erhoffte und Erzielte geschehen wird. Wir können „Wissen und Gewissen" befragen, aber letztlich muss das, was sie uns empfehlen, gewagt werden – mit nichts Sicherem im Rücken als einem gesunden Gottvertrauen. Leben ist Wagnis, und wer das nicht eingehen will, lebt niemals zur Fülle. Er lebt rudimentär, in Ansätzen. Und es kommt der Tag, an dem er betrauert, was Form hat werden wollen und Schema geblieben ist.

Elisabeth Lukas

Das Matthäusevangelium erzählt ein Gleichnis von zwei ungleichen Söhnen.

Jesus beschreibt dabei einen uns allen bekannten Fall. Da gibt es die Gruppe der schnellen Ja-Sager, auf die wenig Verlass ist, und da ist die andere Gruppe, die grundsätzlich zunächst abblockt. Man hat fast den Eindruck: Diese Gruppe neigt prinzipiell zum Widerspruch.

Jeder Pädagoge kennt solche Schülerinnen und Schüler. Sie sind nicht pflegeleicht, aber sie sind die interessanteren.

Widerspenstige Schülerinnen und Schüler bleiben im Lehrergedächtnis haften. Schon Ignatius von Antiochien wusste: „Wenn du nur die guten Schüler liebst, wirst du keinen Dank ernten." Im Leben ist es oft so: Man muss dankbar sein für Kritik; es gibt ja durchaus berechtigte Einwände gegen den eigenen Denkansatz; solche Einwände helfen, das eigene Verhalten zu verbessern.

Man muss gut zuhören und gegebenenfalls nachfragen, warum mein Gesprächspartner anders als ich denkt.

Übrigens: Jesus hat das Alltagsbeispiel der beiden ungleichen Söhne weitergeführt. Er machte darauf aufmerksam, dass Zöllner und Dirnen ihm geglaubt hätten – nicht aber die, die es hätten tun sollen. Man kann sicher auch heute sein Wort lesen und hören und es vordergründig bejahen, aber nicht die erforderlichen Konsequenzen für das eigene Verhalten ziehen. Im Gleichnis ist der Antwort-Suchende der Gescheitere.

Josef Wienand

Das menschliche Zusammenleben lebt wesentlich vom Danken. Das gespannteste Klima wird entspannt, wenn jemand aufrichtig sagen kann: „Du, ich danke dir vielmals."

Danken kommt von denken. Wer nicht denken kann, kann auch nicht danken. Dieses Denken hängt aber nicht vom Grad der intellektuellen Begabung ab. Es hat nichts mit dem Verstand zu tun. Es gibt grundgescheite Leute, die nicht danken können. Was sie fertig bringen, schreiben sie sich selbst, ihren eigenen Fähigkeiten zu. Bei diesem Denken ist das „Denken mit dem Herzen" gemeint.

Nur wer mit dem Herzen denkt, kann auch danken. Er weiß, dass er auf nichts im Leben ein Recht hat, dass nichts selbstverständlich ist. Es gibt so vieles, wofür wir dem anderen danken können: für eine erhaltene Hilfe, für eine Freundlichkeit, für eine erfüllte Zeit, für alles Gute, für jedes Glück […] Aber immer wieder übersehen wir manches, wofür wir dem anderen danken müssten. Durch tausenderlei Dinge lassen wir uns abhalten, immer wieder „danke" zusagen.

Dabei wäre es so einfach: „Danke für das gute Mittagessen! – Danke, dass du mir zugehört hast! – Danke, dass du mir diese Arbeit abgenommen hast! – Danke, dass du heute so froh gelacht hast! – Danke für die schönen Blumen auf dem Tisch! – Danke, dass du mich nicht allein gelassen hast, als ich gestern traurig war!"

Reinhard Abeln

„Jedes Leben" – notierte Adalbert Stifter in sein Vermächtnis – „ist ein neues […], ein entzückend Wunderwerk, das nie war und nie mehr sein wird."
Der Mensch wird als Original in die Welt geschickt und mit Eigenschaften ausgestattet, die ihn fähig machen, seine Lebensgeschichte zu schreiben und ein erfülltes Leben zu führen. Wenn er es nicht erreicht, dann deshalb, weil er sich über die Bestimmung seines Daseins kaum Gedanken macht und durch sein Leben hetzt, als ginge es darum, es so schnell wie möglich hinter sich zu bringen.

Hellmut Holthaus ruft den vielen, die vor dem Leben fliehen, spöttisch zu: „Lebt schneller, Zeitgenossen!" Er lästert über sie: „[…] die so schnell spazieren fahren […], die im Urlaub so viel mitnehmen, noch einen See und noch eine Stadt und noch eine schöne Aussicht […] und am wenigsten die Kostbarkeiten sehen, deren Anblick nichts kostet – Kinder, Wolken, Vögel, Apfelbäume […], die ihre Zeit ständig verkürzen und ihr Leben auch […], die ihren Lebensstandard verbessern und ihr Leben verschlechtern."

Viele Erlebniskonsumenten können das Glück nicht finden, weil sie ständig in der falschen Richtung suchen. Sie scheinen nicht zu wissen, dass Ortsveränderungen nicht ausreichen und aufreizende Erlebnisse zur Unzufriedenheit führen und ein Gefühl der Leere hinterlassen. Wer das Glück erreichen möchte, sollte vor allem nach dem Guten streben und sich um geistige Werte mühen, dann stellt es sich fast immer von selbst ein.

Walter Rupp SJ

Um die Welt neu zu formen, ist es unbedingt erforderlich, dass vorher die Menschen sich umgestalten und einen anderen Weg gehen. Keine Gemeinschaft wird vorher sein, als bis in der Tat ein jeder dem anderen ein Bruder geworden ist. Es wird sein, aber vorher muss die Zeit der menschlichen Absonderung und Isolierung überwunden werden, die jetzt überall herrscht. Ein jeder ist nur bemüht, sich von den anderen abzusondern; ein jeder möchte in sich allein die Fülle des Lebens erfahren. Der Geist des Menschen wird allgemein heute nicht einsehen, dass die wahre Sicherheit des Einzelnen nicht in seiner persönlichen Kraft besteht, sondern im Zusammenhang mit der Gesamtheit aller Menschen. Doch worin bestünde diese Brüderlichkeit, wenn man sie nun klar und bewusst ausdrücken will?
Sie besteht darin, dass jeder einzelne Mensch von selbst, ohne jeden Zwang, ohne einen Vorteil für sich selbst dabei im Auge zu haben, zu der Gemeinschaft der Menschen sagt: Wir sind nur dann stark, wenn wir alle zusammenhalten, so nehmet mich denn ganz, wenn ihr meiner bedürft. [...] Die Brüderlichkeit aber müsste hierauf sagen: Nein, du gibst uns zu viel. Wir haben kein Recht, dies von dir anzunehmen. [...] So nimm denn auch von uns alles. [...] Fürchte dich jetzt nicht mehr vor Feinden. [...] Wir stehen alle für dich, wir alle bewahren dich vor der Gefährdung; unermüdlich werden wir uns um dich mühen, weil wir Brüder sind.

Fjodor Dostojewski

Der Blick auf die Uhr setzt uns oft unter Druck. Aber es ist nicht die Uhr, sondern unsere falsche Zeiteinteilung. Wir wollen zu vieles auf einmal erledigen. Wenn wir aber für eine bestimmte Sache Zeit haben wollen, müssen wir etwas anderes sein lassen. Mit Entschiedenheit Prioritäten setzen, das eine tun und das andere gar nicht erst anfangen – das ist eine hohe Kunst.

„Alles hat seine Zeit", heißt es in der Bibel und das meint: Alles, was wir tun, braucht seine Zeit; wir können mit ihr nicht geizen, wenn wir etwas zu Ende bringen wollen. Alles hat seine Zeit heißt weiter: Wir müssen uns auch für die schwierigsten Seiten des Lebens Zeit nehmen, für die dunklere Rückseite der Dinge. Oft wollen wir nur die angenehme Seite der Dinge: wollen besitzen, genießen, erfolgreich sein. Dass wir auch hergeben müssen, traurig sein oder scheitern werden, das wollen wir nicht wahrhaben, dazu nehmen wir uns keine Zeit. Wenn es nach uns ginge, so würden wir von einem Höhepunkt zum anderen fliegen – über die dazwischen liegenden Täler hinweg.

So ist das Leben aber nicht. Was wir bekommen, können wir nur ganz haben: mit Höhen und Tiefen. Würden wir zu beidem Ja sagen – vielleicht wüssten wir dann oft besser, was jetzt wichtig, was das eine Notwendige ist.

Rüdiger Funiok

Eines der wichtigsten Bücher unserer Tage ist das Guinnessbuch der Rekorde, willkommenes Podium für Höchstleistungen und Kuriositäten aller Art. Man darf sie echt bewundern, die Menschen, die da Außerordentliches geleistet haben. Sie haben trainiert und sich angestrengt. Und ihr Lohn? – Nun stehen sie im Guinnessbuch der Rekorde, gleichsam zu ewigem Ruhm. Es sind nur die ganz Besonderen, die Besten, die Schnellsten und Tüchtigsten.

Ich möchte jetzt noch an ein anderes Buch denken, das ebenfalls von großer Bedeutung ist. Und wie sehr würde ich mir wünschen, wenn dort gar mein Name eingetragen wäre. Es ist das Buch, von dem es in der Bibel heißt: „Ihre Namen stehen im Buch des Lebens." (Phil 4,3) Auch dieses Buch erzählt von Erfolgen. Es sind keine Rekorde und Sensationen. Es sind nur alltägliche Leistungen und Dienste, manchmal vermischt sogar mit Misserfolgen und Versagen und dann wieder hoffnungsvollem Neubeginn. Dieses Buch erzählt Hochs und Tiefs im Schicksal der Menschen, die es trotz allem einfach nur recht machen wollten. Und es erzählt von Gott, der diesen guten Willen gewürdigt hat. Er hat ihre Namen eingetragen in das Buch des Lebens, weil er sie für erwähnenswert hält, weil sie unvergesslich bleiben sollen, weil Gott sie nicht aus seinem Gedächtnis und aus seiner Liebe streichen möchte. Gott hat sie notiert und vorgemerkt im Buch des Lebens für seine unvergängliche Gemeinschaft. Jede und jeder von uns kann darin eingetragen sein.

Hermann Ritter

Liebe deinen Nächsten, er ist wie du. Martin Bubers Übersetzung des biblischen Gebots ist rhythmisch stärker als die geläufige. Selbstliebe und Fremdliebe werden nicht miteinander verglichen, sondern auf einer tieferen Ebene nennt die Übersetzung ihre gemeinsamen Wurzeln, die Gleichheit.

Liebe deinen Nächsten, er ist wie du. Sei brüderlich, weil der andere dir gleich ist. Unter Ungleichen gibt es keine Liebe, nur Herablassung. Darum ist es das Eigeninteresse der Liebe, die Gleichheit herzustellen, damit die lieben kann.

Die Liebe ist ein doppelseitiges Nehmen und Geben. Immer dann, wenn wir das Geben lernen ohne zu rechnen, oder wenn wir das Nehmen lernen ohne Scham, dann knüpfen wir an diesem großen Netz und machen es etwas verlässlicher. Gib deinem Nächsten, er gibt wie du. Nimm von deinem Nächsten, er braucht wie du. Die Gleichheit besteht darin, dass alle zu geben und alle zu nehmen haben. Wenn ich aufhöre zu nehmen und zu geben, so werde ich Stein. Wenn ich blühe, wie ein Baum blüht, bin ich mitten im Gleichgewicht des Gebens und Nehmens.

Dorothee Sölle

Mancher hat vielleicht den Eindruck, er sei für unsere Zeit nicht genügend ausgerüstet und passe nicht hinein, er lebe in einer falschen Zeit. Es gibt gewiss nicht wenige, die wünschen, in einer weniger hektischen Zeit zu leben. Aber wer würde sich in einer anderen Zeit besser entfalten?

Vielleicht litt mancher Steinzeitmensch darunter, dass ihm nur primitive Werkzeuge, aber keine Maschinen zur Verfügung standen. Vielleicht ging mancher Urmensch nur widerwillig auf die Jagd und hätte sich in einem mit einer Klimaanlage ausgestatteten Großraumbüro wohler gefühlt. Vielleicht gab es Höhlenbewohner, die sich für das Bemalen der Felswände Spraydosen wünschten. Vielleicht hätte mancher mittelalterliche Ritter sein Pferd gegen ein Cabriolet eingetauscht. Vielleicht könnte mancher Denker der Antike besser mit Kernreaktoren und mancher Personalchef als Nomade besser mit Rindern und Kamelen umgehen.

Allerdings hätte Einstein in einer anderen Zeit seine Relativitätstheorie nicht gefunden und Darwin seine Evolutionstheorie nicht aufgestellt. Es wäre fraglich, ob Mozart fähig oder willens wäre, eine andere Musik zu schreiben, und ob man Augustinus – auch wenn das Volk noch so laut „Den wollen wir!" riefe – wegen seiner Vergangenheit zum Bischof ernennen würde.

Nostalgiker träumen gern von der Vergangenheit, aber wer möchte wirklich in einer anderen Zeit leben? Wahrscheinlich ist, dass einer, der in seine Zeit nicht passt, auch in eine andere Zeit nicht passen würde.

Walter Rupp SJ

Es gibt Menschen […], die davon beseelt sind, die ganze Welt zu verändern, die sich politisch, in Angelegenheiten der Umwelt, für menschlichere Umgangsformen in Gesellschaft und Kirche einsetzen und die sich dabei aufbrauchen, ohne jemals zur Ruhe zu kommen. Sie, die eine menschlichere Welt und Umwelt wollen und alle ihnen zur Verfügung stehende Kraft dafür aufbieten, führen nicht selten ein Leben des Unbehaustseins. Joan Baez, die berühmte Protestsängerin, sagt von sich: In den ersten 50 Jahren meines Lebens war ich unfähig für Intimität. Ich vermochte niemals eine andere Person in einem Raum zu fühlen, es sei denn, jemand war blind oder war im Gefängnis gewesen oder war gefoltert worden. Wenn jemand auf der gleichen Ebene mit mir Freundschaft haben wollte […], konnte ich es nicht tun. […]

Was sie ersehnte, war: bei sich anzukommen, beziehungsfähig zu sein und ihre idealen Vorstellungen auch in ihrer kleinen Welt zu verwirklichen. Denn Heimat ist in mir. [nicht im Originaltext] *Erst wenn mein wahres Selbst die Führung in meinem Leben übernimmt und ich zu meinem wahren Selbst gefunden habe, vermag ich auszumachen und zu erfahren, was meine Heimat ist. Dann bin ich mir selbst zur Heimat, bin ich selbst Heimat geworden.* […]

Wunibald Müller

Die alten Umgangsformen gelten nicht mehr viel. Es wäre darum an der Zeit, einen überarbeiteten und für jede Situation des Lebens gebrauchsfähigen Knigge herauszugeben, vor allem für die vielen verunsicherten Erwachsenen, die nicht mehr wissen, wie sie sich benehmen sollen, und die vielen Jugendlichen, die noch nicht in die Zivilisation eingegliedert werden konnten. Die guten Sitten, die Jahrhunderte hoch angesehen waren, sind weithin in Vergessenheit geraten und werden nur noch bei den primitiven Völkern hochgehalten. In den modernen Gesellschaften hat sich der anstandslose Umgang durchgesetzt. Es wurde üblich, so mit jedem umzugehen, wie er es sich gefallen lässt. Wer hält sich noch an Regeln?
Während der moderne Mensch Haustiere sehr liebevoll behandelt, und sich auf seinen Spaziergängen sehr einfühlsam mit seinem Dackel unterhält, bereitet ihm der Umgang mit seinesgleichen Mühe.
In einer Gesellschaft, die zum großen Teil aus Schwätzern, Unsympathen, Höhergestellten, Besserverdienenden oder Besserwissern besteht, braucht man eine große Geschicklichkeit, auf so viele verschiedene Typen – wie ungepflegt sie auch daherkommen – zuzugehen und doch die nötige Distanz zu halten.

Walter Rupp SJ

In einer Zeit, in der es wichtiger ist, was ein Mensch darstellt, was er leistet und was er besitzt, als was er für ein Mensch ist, welches Wesen und welche innere Größe er besitzt, ist die Selbst-Liebe kein Thema in unserer Gesellschaft – und nach wie vor kein Erziehungsziel bei unseren Kindern. Und so kommt es, dass die wenigsten Menschen lieben – weder sich selbst, noch andere. […]

Noch ist es nicht im Bewusstsein der meisten Menschen, dass es möglich ist, sich selbst zu lieben, und wie wichtig das ist. Und – was noch viel wichtiger ist – dass die Liebe zu sich selbst eine Voraussetzung ist, um einen anderen Menschen lieben zu können. […]

Das Wichtigste, was wir von der Liebe verstehen müssen ist, dass die Liebe sehen bedeutet. […] Daher kannst du dich nur in dem Maße lieben, wie du offen für dich bist und dich siehst. Sich selbst zu lieben heißt, dass ich bereit bin, mich in allem, was mich ausmacht und was aus mir herauskommt, anzunehmen, ohne mich zu be- oder verurteilen. […] Sich selbst zu lieben heißt, dass ich mich das leben und ausdrücken lasse, was mich bewegt, was mir wichtig ist, so dass ich mehr und mehr für mich und andere sichtbar werden kann. […] Sich selbst zu lieben heißt, dass ich mich als Autor meines Lebens und dessen begreife, was ich jeweils erlebe und dafür die Verantwortung übernehme. Sich selbst zu lieben heißt, dass es mir wichtig ist, wie ich bin, und zwar nach meinen eigenen Wertvorstellungen und nicht nach denen anderer. Sich selbst zu lieben heißt, dass ich ein absolutes Ja zu mir habe und behalte – unabhängig davon, was passiert. […] Niemand verlangt von dir, dass du schon am Ziel bist.

Nina Larisch-Haider

Als die Münchner Frauenkirche neue Glocken bekam, brauchte es dafür einen riesigen Autokran. Es war ein eindrucksvolles Bild: Der blaue Himmel und der gelbe Kran, der mit seinem ausfahrbaren Arm mühelos eine Glocke nach der anderen in die luftige Höhe hob, so als wären sie federleicht. Als dann nach einem langen Tag die Arbeit getan war und der Autokran wieder abgebaut werden sollte, rückte dafür ein zweiter Kran an. Er war viel kleiner und hatte viel weniger Räder. Aber er war nötig. Der große Kran war ohne seinen kleinen Bruder ein hilfloser Gigant. Er konnte sich selbst weder auf- noch abbauen.

Angewiesen sein auf die Hilfe anderer: Das ist auch bei den Menschen so. Jeder braucht Unterstützung und muss sich helfen lassen. Am Anfang und am Ende des Lebens leuchtet das noch ein. Es gibt Geburtshelfer, die dabei sind, wenn man zur Welt kommt. Und es gibt pflegende Hände im Alter, ohne die es nicht geht. Sie greifen beim Spaziergang unter die Arme und sind beim Essen behilflich.

Der Mensch gibt nicht gerne zu, dass er auf andere angewiesen ist. Er will selbständig sein und auf eigenen Beinen stehen. Er will groß und stark sein, alles selbst bestimmen und möglichst unabhängig leben.

Aber der Mensch ist nicht sein eigener Schöpfer. Immer wenn er sich wie im Größenwahn verhält, wirkt er lächerlich und auch gefährlich. Der Mensch ist Geschöpf, Kreatur. Er ist stark und schwach zugleich. Wahre Größe zeigt er dann, wenn er sich zu seiner Kreatürlichkeit bekennt.

Andreas Schaller

Unter dem Begriff Charakter, den die alten Griechen für das Gepräge einer Münze gebrauchten, verstehen wir heute die Eigenart einer Persönlichkeit. Auch eine Persönlichkeit sollte geprägt sein wie eine Münze und so wie sie etwas Unverwechselbares an sich haben.
Einmal glaubte man zu wissen, dass es vier Charaktere gibt: den Melancholiker, den Sanguiniker, den Choleriker und den Phlegmatiker.
Der berühmte Psychiater Ernst Kretschmer, der den Zusammenhang zwischen Konstitution und Charakter nachweisen konnte, versuchte die verschiedenen Charaktere in einer anderen Typengliederung zusammenzufassen: in geschwätzig Heitere, in stille Gemütsmenschen, in tatkräftige Praktiker, in vornehm Feinsinnige, in weltfremde Idealisten oder kühle Herrennaturen. Aber bei genauem Hinsehen kann man doch entdecken, dass wohl jeder Mensch von jeder dieser Charaktereigenschaften etwas hat. Jede Typenlehre muss letztlich vor der Vielfalt menschlicher Exemplare kapitulieren.
Der Mensch lässt sich nicht katalogisieren und in eine Typologie einordnen. Keiner kann sich sicher sein, ob der, dem er sein Vertrauen schenkt, ihn nicht enttäuscht, und der, dem er das nie zugetraut hätte, ihn überrascht. Jeder Mensch bleibt ein Geheimnis und damit für den anderen undurchschaubar. Es sollte sich deshalb niemand rühmen, ein Menschenkenner zu sein. Was zu erkennen ist, ist immer nur seine Unberechenbarkeit.

Walter Rupp SJ

Was geschieht im Akt des Glaubens in der Gestalt des „Ich glaube an dich – ich glaube dir?" Was ist darin eingeschlossen? Zunächst und zuerst: Ich bestätige und schätze, ich anerkenne und bejahe dich, ich liebe dich.
Wir glauben, weil wir lieben, sagt John Henry Newman. Aber es ist auch gesagt – indem ich erkennend zur Person Zugang gewinne, habe ich Gemeinschaft mit ihr, nehme ich teil an ihr, an ihrem Leben, an ihrem Denken, Wissen, Erkennen und Wollen, an ihrer Art und Weise, wie sie sich selbst sieht und die Welt der Dinge und Menschen.
In diesem Zusammenhang kann man verständlich machen, was Autorität bedeutet: Wahre Autorität hat nicht mit Unterwerfung, sondern mit Erkenntnis zu tun. Deshalb wird ein solcher Glaube zum Zeichen der Hochschätzung, zum Ausdruck der Achtung, Ehre und Anerkennung.
Daraus ergibt sich: Nichts wäre verkehrter und unangemessener, als im Glauben […] eine geringere oder minderwertige Form des Erkennens zu sehen, nach dem Schlagwort: Glauben heißt nicht wissen oder nur halb, nur ungefähr wissen, vermuten, meinen. Glaube in der hier umschriebenen Form bedeutet erkennen. […]
Glaube macht wie die Liebe nicht blind, sondern sehend. Eine Ablehung des Glaubens in diesem Sinne ist […] keine Befreiung zur Erkenntnis hin, sondern ein Verlust an Erkennen. Kein Mensch, erst recht keine Gemeinschaft und Gesellschaft, könnte menschlich leben ohne Glauben.

Heinrich Fries

Christlicher Glaube befreit von dem Druck, dass der Mensch sowohl als Einzelner wie als Gemeinschaft alles selber machen muss. Die zentrale Botschaft des Christentums heißt: Gott hat Interesse an dir, an der Menschheit und deshalb engagiert er sich selbst für dich und für die Menschen. Die Bibel ist die Sammlung von Zeugnissen, dass Menschen dieses Engagement Gottes für sich erfahren haben, von Erzählungen, wie sie dies erlebt haben und wie es ihr Leben verwandelt hat. Diese Erfahrungen werden schon in der Bibel selbst auf ihren Zusammenhang untereinander und auf ihre Konsequenzen für das Leben der Menschen insgesamt reflektiert. So kommt in der Bibel, vor allem im Alten Testament, das menschliche Leben in seiner ganzen Breite und Fülle zur Sprache. Alle Gefühle von Sehnsucht über Trauer und Schmerz bis hin zur Verzweiflung und Resignation finden ihren Ausdruck. Aber auch der Jubel und die Dankbarkeit erklingen – oft in poetischer Form. In all dem zeigt sich Gott selbst und teilt sich mit: wer er ist und wie er mit Menschen umgeht. Theologischer formuliert: Gott offenbart sich und sein Heil für die Menschheit.

Alex Lefrank SJ

Da freut man sich schon seit Tagen auf ein Fest. Die Gäste haben sich schick gemacht und kommen voller Ansprüche. Jeder erwartet gute Stimmung. Aber stattdessen ist es eher langweilig und fad. Man sitzt da oder steht herum, hält ein Glas in der Hand und ist irgendwie doch etwas enttäuscht. Die Vorfreude war viel größer als das, was man nun erlebt. Anstatt interessanter Gespräche reicht es nur für belanglosen Smalltalk. Das Essen ist zwar gut, aber man kann es nicht richtig genießen, weil alles so steif wirkt.

Ganz anders ist es oft bei den Gelegenheiten, die sich spontan ergeben. Man verabredet sich für den Abend mit ein paar alten Freunden und hat eigentlich nichts anderes im Sinn, als sich wieder einmal zu treffen. Nach ein paar Sätzen ist ein Gespräch entstanden. Man hört zu, und wenn man selber spricht, weiß man sich verstanden. Das, was man anderswo vermisst, gelingt jetzt fast von alleine, ohne dass man es groß beabsichtigt hätte: Man fühlt sich wohl und geborgen, man ist glücklich und vergnügt. Freude und Lust am Leben, all das lässt sich nicht dosenfertig herstellen. Ist das laute Lachen der Spaßgesellschaft nicht immer auch aufgesetzt? Wirkt sie mit ihrer zur Schau getragenen Ausgelassenheit im Grunde nicht doch recht künstlich und weit weg von der Wirklichkeit? Wer dem Glück nachjagt, wird es nicht fangen.

Andreas Schaller

Wir gehen viele Wege im Leben. Wir gehen sie und hoffen, immer den richtigen Weg zu gehen – einen, der uns zum gewählten Ziel führt. Manchmal kommen wir auch über Umwege zum Ziel. Wir sehen ein: Ein bisschen Diplomatie bringt schneller voran, als nur einfach darauf loszugehen. Ein wenig Eleganz in der Argumentation ist oft besser als nur das Verfolgen eines klar erkannten Zielpunktes.

Leben ist ein Werden und Wachsen – aber auch ein Abnehmen. Wer weiß schon genau, wann er den Höhepunkt, den Zenit seines Lebens erreicht hat? Manchmal wissen es Außenstehende besser als wir selbst.

Oft sind wir auf Wegweiser angewiesen. Wir brauchen Hinweise, nicht nur auf den Straßen und Autobahnen. Wir brauchen sie auch in Gestalt guter Freunde und verlässlicher Lebensregeln.

„Fürchte dich nicht, langsam zu gehen, fürchte dich nur, stehen zu bleiben", weiß eine chinesische Weisheit. Es ist gut zu wissen, dass ich meinen Lebensweg auch langsam suchen und finden darf. Ich brauche ihn nicht allein zu gehen. Jemand ist vor mir und hinter mir. Gott. Darauf ist Verlass. So darf ich mit einem alten Segenswunsch bitten:

> Der Herr segne den Boden, auf dem wir jetzt stehen.
> Der Herr segne den Boden, auf dem wir jetzt gehen.
> Der Herr segne das Ziel, für das wir jetzt leben.

Josef Wienand

„Lohnt es die Mühe zu leben?" Dürfen wir wirklich hoffen, ein dauerhaftes Werk zu vollbringen, oder kneten wir einfach nur Asche?
Mit der Intelligenz ist im Herzen der irdischen Welt ein furchtbares Vermögen, diese Welt zu kritisieren, aufgetreten. Die Tiere ziehen passiv und blind den recht schweren Karren des Fortschritts. Der Mensch seinerseits kann und muss, bevor er die gemeinsame Aufgabe fortsetzt, sich fragen, ob sich die Mühe lohnt, die sie verlangt: die Arbeit des Lebens und der Schrecken des Sterbens. Die einzige Entlohung aber, die uns befriedigen könnte, ist die Garantie, dass das greifbare Ergebnis unserer Mühsal mit irgendetwas von ihm selbst in eine Wirklichkeit aufgenommen wird, wo weder Wurm noch Rost es zu erreichen vermöchten. Je mehr ich es bedenke, umso mehr sehe ich, dass ich psychologisch unfähig wäre, die geringste Anstrengung zu leisten, wenn ich nicht an den absoluten Wert von irgendetwas in diesem Bemühen glauben könnte.
Da ich gerade eben nicht einräumen kann, die Welt sei schlecht konstruiert, physisch widersprüchlich, unfähig, den wesentlichen Hunger der Seienden zu nähren, die sie in ihrem Schoß hervorgebracht hat, lege ich mich rückhaltlos auf die Gewissheit fest, dass das Leben in seiner Gesamtheit auf die Errichtung einer neuen und ewigen Erde zugeht.

Teilhard de Chardin

Die allgemeinste, weil unwillkürlichste und unbewusste Phantasietätigkeit des Menschen ist der Traum. Sein Material sind die je individuellen Vergangenheiten, Präsenzen und Zukünfte, die stets neu durchgespielt und umgeformt werden. Material der Traumphantasie ist somit unser eigenes Leben mit all seinen Beziehungen, Nöten, Wünschen und Möglichkeiten. Der Traum, sagte Jean Paul, ist „unwillkürliche Dichtung". Im Traum ist jeder ein Dichter, ein Künstler. Neuere experimentelle Forschung hat herausgefunden, dass ein Schlafender, der am Träumen gehindert oder dauernd in Träumen gestört wird, nach kurzer Zeit einen seelischen Zusammenbruch erlebt, mit vielen Anzeichen neurotischer oder psychoseähnlicher Krankheitserscheinungen. Wer nicht träumen kann, kann auch nicht mehr leben. So produziert der Traum buchstäblich psychische Gesundheit, Kraft, Vitalität. Leben.

Diese Produktivität der Träume hängt offensichtlich zusammen mit der Freiheit ihrer Kreativität. Nur im Schlaf sind wir frei, müssen nichts leisten, nichts tun, unterliegen keinem äußeren Zwang, sind in keine Zwecke eingespannt. Dadurch werden in jedem Menschen erstaunliche kreative Kräfte freigesetzt. Warum sind diese kreativen Fähigkeiten unwillkürlicher Phantasie im Wachzustand auf einmal nicht mehr vorhanden? Im Wachzustand sind wir nicht mehr nur wir selbst, wir sind ebenso sehr das, was von uns gefordert und erwartet wird.

Kurt Marti

Im ersten Brief des Johannes im Neuen Testament heißt es: „Wer seinen Bruder nicht liebt, den er sieht, kann Gott nicht lieben, den er nicht sieht" (4.20). Gott ist nämlich in der Welt nicht anzutreffen, und der einzige Zugang zu ihm findet sich im Menschen, da jede menschliche Person auf ihn als ihr Ziel angelegt ist. So lässt sich auch Gott nur lieben, indem ich den anderen als Person, also in seiner Verwiesenheit auf Gott liebe. Daran führt kein Weg vorbei. Wer sich in sich selbst und in seinem Egoismus einriegelt, versperrt sich demnach auch gegen Gott. Und diese Verkapselung vermag nur die Nächstenliebe aufzubrechen und uns so auch für Gott wieder aufgeschlossen zu machen. Diese Liebe gibt es in vielerlei Formen; ihre intesivste Ausprägung findet sich wohl in der Liebe zwischen Mann und Frau. Aber es ist nicht allein diese größere Offenheit, die den Liebenden besser auf Gott hin ausrichten kann, sondern es ist vor allem der neue Blick für die Menschen, die der Geliebte verkörpert, der fast zwangsläufig auch eine neue Sicht auf Gott vermittelt. Der andere Mensch, den man liebt, erweist sich als so kostbar, dass einem an ihm aufgehen kann, dass der Mensch unmöglich nur ein zufälliges Produkt einer Entwicklungskette ist, die nach blinden Naturgesetzen abläuft. Ich kann nicht jemanden, den ich liebe, ehrlich ansehen und dann ernsthaft annehmen, dass von ihm in fünfzig Jahren nichts mehr übrig sein sollte als ein Haufen verwesender Materie oder etliche Gramm Asche. Der Mensch zeigt sich dem, der liebt, als ein endgültiger Wert. Weil dieser Wert aber nicht in einer Welt begründet liegen kann, in der alles beliebig und vergänglich ist, bildet er den unübersehbaren Verweis auf Gott, in dem allein die unbedingte, also nicht aus der Welt ableitbare Würde des Menschen verankert sein kann.

Albert Keller